ПРАЗДНИКИ
И ОСОБЫЕ ДАТЫ
ИЗРАИЛЯ

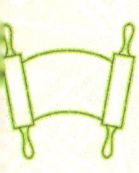

Содержание

ВСТУПЛЕНИЕ 3
РОШ А-ШАНА 5
ЙОМ-КИПУР 9
СУККОТ 13
ХАНУКА 19
ТУ БИ-ШВАТ 25
ПУРИМ 29
ПЕСАХ 33
ДЕНЬ НЕЗАВИСИМОСТИ 39
ЛАГ БА ОМЕР 43
ШАВУОТ 47
ДЕВЯТОЕ АВА 51
ТУ БЕ-АВ (15-го ава) 55
Международная Академия Каббалы 60

Вступление

Все слышали о еврейских праздниках: Песахе, Пуриме, Суккоте и др. Некоторые знакомы с праздничной атрибутикой, обычаями и традициями. Однако мало кто слышал, что кроме традиций и исторических событий, праздники несут в себе еще один, особый информационный слой. Для того чтобы понять, о чем идет речь, необходимо сделать небольшой исторический экскурс.

Как известно, родоначальником еврейского народа был Авраам. Мы до конца не понимаем, и нам трудно по-настоящему оценить, что на самом деле сделал этот великий человек. Популярный английский историк, Пол Джонсон, так охарактеризовал это эпохальное событие:

Один из способов подвести итог 4 000 лет еврейской истории состоит в том, чтобы спросить себя: а что бы произошло с человеческим родом, если бы Авраам не был человеком высокой прозорливости, или если бы он оставался в Уре, придерживал свои идеи при себе, и никакого специфического еврейского народа не возникло.

Несомненно, что мир без евреев отличался бы от мира нынешнего радикальнейшим образом.

Сын идолопоклонника Тераха совершил тогда настоящее чудо. Авраам первым осознал, что главные проблемы человечества – не недостаток ресурсов и слаборазвитые технологии. Важнее всего – это взаимоотношения между людьми. Свои идеи Авраам сумел реализовать. Впервые в истории был образован народ, в основе которого лежали не кровные связи, а нравственные ценности.

Духовному последователю Авраама – Моше – удалось совершить еще одно чудо. Во времена, когда человеческая жизнь ничего не стоила, когда идолопоклонство, со всем отсюда вытекающим, было повсеместной нормой, еврейский народ, пусть и на короткое время, пришел к высшей степени человеческих взаимоотношений, заключенных в хорошо известной формулировке: «возлюби ближнего, как самого себя».

В дальнейшем эти ценности были в той или иной мере утеряны. О том, почему это произошло, мы еще поговорим. Однако отголоски того, что вложили в народ Авраам и Моше, мы видим и сегодня. Особые взаимоотношения в семье, выраженное стремление к образованию детей, любознательность и активность отличает представителей еврейского народа и сегодня.

Наше время разительно отличается от предыдущего. То количество изменений, которое раньше проходило человечество на протяжении многих сотен лет, сегодня происходит при жизни лишь одного поколения. В течение считанных десятков лет первый компьютер размером в дом превратился в изящный прибор, умещающийся на ладони.

Вместе с тем технологическая революция не улучшила наши взаимоотношения. С этой точки зрения произошел не прогресс, а скорее регресс.

Мы видим, что люди стремятся к общению. Не случайно социальные сети опутали весь мир. Однако жизнь показывает, что переписка в чатах не заменяет обычного человеческого общения. То, что ушло на второй план, сегодня становится востребованным, как никогда. Однако нет необходимости изобретать велосипед. Попробуем оглянуться назад и переосмыслить то, что кажется общеизвестным.

В брошюре приведены интересные малоизвестные материалы и исторические факты.

РОШ А-ШАНА

Какая связь между сотворением мира, фаршированной рыбой, гранатом и человечеством? Оказывается, все это, в том или ином виде, включает в себя хорошо известный еврейский праздник Рош а-Шана.

Но прежде вспомним, что евреев обвиняют в чем угодно, только не в отсутствии здравого смысла. Поэтому трудно представить, что евреи учредили такой «навороченный», с точки зрения церемониальности и атрибутики, праздник, как Рош а-Шана без серьезных на то причин.

Существует немало авторитетных мнений по этому поводу. При желании с ними можно легко ознакомиться особенно сегодня, в эру Интернета. Одновременно с этим существуют объяснения не менее авторитетные, но пока еще малоизвестные. Необычность этого подхода в том, что еврейские праздники напрямую связываются с понятием «объединение».

В канонических источниках говорится, что на Рош а-Шана появился первый человек – Адам. Прежде всего, определимся, кто он. Согласно самой распространенной версии – это библейский персонаж, обитатель райского сада. Иногда о нем говорят, как о реальном человеке, жившем в доисторические времена. И наконец, в специальной каббалистической литературе Адам – это особая структура, так называемая, «общая душа».

Спрашивается, какая из этих версий правильная? Как ни странно – все три.

Может удивить такое обилие абсолютно не связанных между собой ролей у одного объекта. На самом деле, удивляться тут нечему. Каждый из нас живет одновременно в разноплановых реальностях, только мы не обращаем на это внимание. Человек может быть одновременно: отцом семейства, виртуальным персонажем интернет-игры, а также номером в мобильном телефоне. Важно не то, кем мы считаемся в данный момент, а то, что нами на самом деле движет.

Можно проиллюстрировать вышесказанное следующим примером. Любое изображение на экране компьютера, будь то восход солнца или графическая таблица, появляется благодаря непонятным простому смертному значкам-иероглифам, проставленными программистом.

Адам – это та программа, которая управляет уникальной системой, известной нам под названием «человечество». В свое время программа дала сбой. Не будем говорить сейчас, почему так произошло, поскольку это отдельная, большая тема. Скажем лишь, что на языке Торы это событие называется «грехопадение Адама», а на языке каббалы – «разбиение».

В действительности, мы так сегодня себя и ощущаем – отдельными, не связанными между собой объектами. Считается, что только самовосстановление позволит вывести систему и входящие в нее элементы на уровень порядком выше, чем они были до разбиения. Показательно, что имя Адам расшифровывается сочетанием слов «Эдомэ ле эльен», то есть «уподоблюсь Высшему».

Название праздника «Рош а-Шана» – дословно «Голова года» – говорит о том же. Стать головой, значит подняться на уровень выше. По этой причине на праздник принято есть голову рыбы. Тем самым подчеркивается, что мы хотим быть головой, а не хвостом. Гранатовые зерна олицетворяют отдельные части, то есть нас с вами, тех, кто должен стать единым целым. Яблоки с медом говорят об исправлении, иначе говоря, подслащении отдельных элементов.

Важно отметить, что единение, о котором идет речь, строится не на стирании различий между объектами, а, если можно так сказать, на подъеме над этими различиями. В этом, кстати говоря, коренное отличие от всех тех видов объединения, которые нам известны.

Еврейский народ с момента своего возникновения умел собираться в круг для принятия судьбоносных решений, базирующихся на единстве.

> *Сидели полукругом, в любви и дружбе, единым целым, как Санедрин, не сомневаясь друг в друге. Таким образом, видели и слышали друг друга и дискутировали друг с другом, пока не выходило постановление должным образом.*
>
> *Если бы сидели в ряд, а не по кругу, то первые в ряду не видели бы последних. А целым кругом не сидели, чтобы была возможность выйти и войти.*[1]

---

[1] РАШИ – (рав) Шломо бен Ицхак (1040-1105) – комментатор Талмуда и Торы; духовный вождь общин Северной Франции. Комментарий на Вавилонский Талмуд, трактат «Хулин», 5:1.

То, что применялось с успехом когда-то, возможно возродить и сегодня. Для этого нужно просто сесть в круг и начать общаться...

Напоследок пожелаем читателям подняться на тот особый уровень единства и совершенства, который олицетворяет осенний праздник Рош а-Шана.

НЕИЗВЕСТНОЕ ОБ ИЗВЕСТНОМ

Кто знает, откуда ведет начало еврейское летоисчисление? Что произошло в тот первый день, в день начала отсчета? Видимо, произошло какое-то особое событие? Совершенно верно. В этот день, а точнее говоря, 1-го тишрея[2] 3760 лет до нашей эры, человек по имени Адам ощутил высшую управляющую силу. Именно с этого дня и началось летоисчисление.

За Новым годом (Рош а-Шана) следуют десять «дней трепета». Этот период символизирует общие, решающие усилия еврейского народа при переходе к новой ступени взаимоотношений с миром. Объединившись, мы можем дать ответ на тот самый вопрос, что встал когда-то перед Адамом, а в дальнейшем определил весь смысл существования народа Израиля. В этом случае, десятого тишрея, в Судный день, внутри себя мы находим причины всех своих несчастий и понимаем, что надо делать.

Считается, что в гранате, который принято подавать на Рош а-Шана, находится 613 зерен. Это количество соответствует 613 разрозненным желаниям человека, которые возможно объединить единым намерением.

---

[2] Тишрей – месяц начала года в еврейском календаре (приходится на сентябрь-октябрь).

ЙОМ-КИПУР

Йом-Кипур – «День искупления» или «Судный день» – наступает через десять дней после еврейского нового года, Рош а-Шана. Этот праздник считается одним из важнейших праздников в еврейской традиции. В этот день постятся (не пьют и не едят), не моются, не используют духи, косметику и масла, не носят изделия из кожи (обувь, ремни, ремешки...), и запрещены супружеские отношения.

Накануне совершают обряд «капарот» (искупление). В праздник никто не работает. На дорогах вместо машин ходят пешеходы и катаются велосипедисты. Многие евреи, даже светские, соблюдают пост и идут в синагогу.

Существует обычай в этот день: надевать белые одежды и желать друг другу легкого поста и хорошей записи (гмар хатима това) в Книге Жизни. Эта сторона праздника достаточно хорошо известна многим. Между тем все еврейские праздники включают в себя внутреннюю, актуальную во все времена информацию, и Йом-Кипур не исключение.

Показательно, что в Йом-Кипур эту информацию передают практически открытым текстом, но как это часто бывает, то, что на виду, мы не замечаем. Речь идет о книге пророка Йоны, которую читают в Йом-Кипур.

Приключения главного героя книги – пророка Йоны сына Амиттая – и по сей день вызывают много споров, поскольку очень трудно согласиться с тем посылом, который этот текст несет. Особенно с этим трудно согласиться сегодня, когда судьба Йоны так напоминает судьбу всего еврейского народа. Однако не будем торопиться с выводами и перейдем к сюжету книги.

История начинается с того, что Творец приказывает пророку Йоне отправиться в языческий город Нинве и объявить жителям об их грехах. По сути, он получил задание, подобное тому, которое в свое время получил праотец Авраам. Йона должен рассказать жителям города о принципах братства и взаимной любви, которые помогли когда-то Аврааму создать единый народ из разноплеменных вавилонян.

Как тогда, так и сегодня подобные идеи воспринимаются однозначно – это абсолютно нереально. Неудивительно, что вместо того чтобы немедленно приступить к исполнению миссии, Йона ударился в бега.

Добравшись до порта, он покупает место на корабле и спешно отплывает в открытое море. Корабль, на котором Йона пытался совершить побег, попал в сильный шторм. Когда положение стало угрожающим, матросы в панике начали выкидывать за борт лишние вещи и возносить молитвы своим богам. Между тем Йона, как ни в чем не бывало, отправляется в трюм... спать.

Перед нами прямая аналогия с происходящим в наше время на нашем общем корабле – нашей планете. Те, кто может спасти наш общий корабль, что называется, спят.

> *Израиль должен существовать не в качестве обособленной части человечества, а в качестве всеобщего духовного достояния, в котором должны собраться воедино все индивидуальные различия, для того чтобы возвыситься вместе с ним (человечеством), повлиять на него и подвергнуться его влиянию...*[3]

Далее в повествовании наступает кульминация. Капитан находит крепко спящего Йону и требует, чтобы тот, как и все остальные, начал молиться за спасение корабля. Уже на палубе Йона признается, что бежал от Творца. Матросы в ужасе, они не знают, что им делать дальше.

Казалось бы, в этой ситуации Йона должен раскаяться и согласиться выполнить задание. Но этого не происходит. Йона предлагает матросам... выбросить его за борт.

Здравый смысл, жизненный опыт – все говорит Йоне о том, что порученное задание невыполнимо. Легче умереть, чем изменить отношение человека к принципу «возлюби ближнего, как самого себя». Однако попытка Йоны таким образом уклониться от задания проваливается, поскольку относительно Йоны, как и относительно всего еврейского народа, существуют другие планы. Именно поэтому герой повествования не погибает – его проглатывает огромная рыба. В итоге, после пребывания внутри рыбы, Йона все-таки отправляется в Ниневе и выполняет возложенное на него задание...

На этом основная канва истории заканчивается, и можно подводить итоги.

---

[3] Рав Авраам Кук (1865-1935) – первый главный ашкеназский раввин Эрец-Исраэль, известный каббалист. Философия иудаизма. Избранные статьи. Пер. О. Балаги. Иерусалим: АМАНА. 1991. С. 73.

Йом-Кипур – это тот самый день, когда принято оценивать нашу деятельность в прошедшем году. Морская буря, в которую попал корабль Йоны, прекрасно иллюстрирует то, что происходило и происходит в мире. Каждый человек понимает, что дальше так продолжаться не может. Постепенно все больше людей на планете понимают, что именно в наших взаимоотношениях заключаются суть проблемы и ее решение одновременно.

Еврейский народ был изначально создан на принципе «возлюби ближнего, как самого себя». Эта идея находится внутри народа, как ДНК в клетке. Поэтому от реализации идеи единства невозможно уйти, убежать, уплыть и даже улететь. Единство должно воплотиться в жизнь, как на уровне народа, так и на уровне всего мира...

> *...народ Израиля выполняет здесь роль «проводников». В той мере, в которой, народ Израиля соединяется сам, он передает методику достижения вечности и совершенства остальным народам, обучит ей народы мира, как сказано: «И все познают Меня, от мала до велика».*[4]

НЕИЗВЕСТНОЕ ОБ ИЗВЕСТНОМ

Йом-Кипур – это не траур и не скорбь, а очень высокий духовный уровень. Поэтому, несмотря на то, что молящиеся повторяют такие слова, как «искупление», «суд», «грехи», «прощения», «преступник» и так далее, этот день считается праздничным.

«Преступник» – это состояние, в котором человек, раскрывая любовь к себе, таким образом, обнаруживает, что он преступник. Любовь к ближнему – это высшая ценность, поэтому любовь к себе называется «преступление».

Духовный уровень объединения, который символизирует «Йом-Кипур» противоположен и, вместе с этим, предшествует уровню максимальному возможному, который олицетворяет праздник радости и веселья – Пурим. Слово «кипур» состоит из двух ивритских слов «ки» и «пур» – как Пурим.

---

[4] Бааль Сулам – рав Йегуда Ашлаг (1884-1954) – величайший каббалист XX века, автор комментариев к книге Зоар. Любовь к Творцу и к творениям. Kitvei Baal Hasulam. ARI. Israel. 2009. P. 486.

СУККОТ

Еврейские праздники, как и самих евреев, отличает одна особенность. Они у всех на виду, о них написано бесконечно много, однако, что они представляют собой на самом деле, почти ничего неизвестно. Осенний праздник Суккот не является исключением из этого правила.

Внешние атрибуты праздника достаточно сложны и трудоемки. Нужно выстроить особое строение – сукку. Необходимо подготовить, так называемые, четыре миним – четыре вида растений: лулав (пальмовая ветвь), адасим (ветки мирты), аравот (ветки ивы), этрог (цитрусовый плод). Кроме всего прочего, праздник сопровождают особые молитвы и ритуальные действия. Спрашивается, зачем все это? Неужели лишь для того, чтобы отпраздновать сбор урожая или/и напомнить о скитаниях евреев после выхода из Египта, как говорят об этом многие комментаторы? Может быть, мы знаем не все…

> *Еврейские праздники – это не традиция какой-то страны или одного народа, а символы особых духовных состояний, в которых мы достигаем взаимной отдачи, любви друг к другу на все более высоких ступенях и с большей глубиной вовлечения в это соединение нашего сердца и разума.[5]*

Неожиданный поворот, не правда ли? С другой стороны, такой подход, возможно, объяснит те действия, которые сопровождают праздники.

Вначале вспомним об атрибутах праздника Суккот.

Сукка – это временное жилье, которое строят специально для праздника. В ее устройстве есть много тонкостей. Однако главное внимание оказывается кровле. Она делается из отходов, взятых из гумна и винодельни, то есть из отходов производства хлеба и вина, и это не случайно. Оказывается, хлеб олицетворяет особую силу, называемую «свет Хасадим», вино символизирует другую силу – «свет Хохма».

Эти и другие силы, о которых пойдет речь, существуют в природе, но приборами, которые имеются в распоряжении современной науки, они не улавливаются. Дело в том, что речь идет о силах и явлениях, которые тем или иным образом воздействуют на то, что мы называем

---

[5] Михаэль Лайтман (род. 1946 г.) – каббалист, основатель и президент Международной академии каббалы и ARI institute.
Блог: http://www.laitman.ru/israel-and-nations-of-world/144178.html

«эго». По сути, речь идет о настоящей методике, имеющей свою особую терминологию. О том, что эта методика существует и что она работает, говорит один хорошо известный факт.

> ...каждый из народа Израиля полностью отказался от эгоистической любви к себе, и все их стремления были направлены на благо ближнего, во исполнение заповеди «возлюби ближнего, как самого себя»...
> ...когда, объединившись в единый народ, стали как один человек с одним сердцем, тогда лишь стали годными для получения Торы.[6]

О том, что евреи когда-то стояли у горы Синай в ожидании получения Торы, знают многие. Но мало кто задумывался, о чем на самом деле идет речь. А ведь произошло невероятное. Заповедь «возлюби ближнего» была реализована целым народом! При всем при этом мы прекрасно осознаем, что заставить или научить любить ближнего невозможно, поскольку человек «неизлечимо болен» заботой о самом себе. Конечно, существуют исключения, но общей картины это не меняет. Таким образом, лишь изменив каким-то образом природную эгоистическую составляющую человека, мы сможем говорить об изменении отношения к ближнему.

Праздники, включая Суккот, передают нам информацию о том, как «здоровый эгоист» переходит к состоянию «как один человек с единым сердцем».

Например, те четыре вида растений, о которых было сказано ранее, символизируют четыре промежуточных состояния на пути от «просто человека» к «человеку исправленному».

Сразу налетает шквал вопросов. Почему четыре? С чем это связано? Почему именно эти растения, а не другие? И что значит «исправленный»?

Во время праздничного ритуала четыре растения (миним) берут в руки, подразумевая, что лишь преодолев четыре состояния, можно прийти

---

[6] Бааль Сулам. Поручительство. Kitvei Baal Hasulam. ARI. Israel. 2009. P. 395.

к объединению с другими людьми. «Взять в руки» – это значит, что процесс перехода к исправленному состоянию можно контролировать и направлять!

Семь дней, которые длится праздник, соответствуют получению семи видов «светов» (воздействий), которые определяют характер и уровень объединения. Они называются: хесед, гвура, тиферет, нецах, ход, есод, малхут.

Кульминация наступает в последний день праздника, который называется «Шмини-Ацерет» и «Симхат Тора». Он символизирует высшую степень объединения. Нетрудно догадаться, что праздник включает в себя еще множество элементов, требующих объяснений. И все-таки главное – не забывать, что праздники это не просто традиции, это напоминание, что стать единым народом нам, с одной стороны, еще предстоит, а с другой стороны, такая возможность реально существует.

В заключение хочется напомнить, что в те недолгие периоды истории, когда еврейский народ был «как один человек с единым сердцем», друзей у него было много, а враги предпочитали с ним не связываться. К сожалению, сегодня ситуация несколько иная. Отношения между людьми далеки от идеальных, а врагов гораздо больше, чем друзей.

Как бы там ни было, хочется пожелать, чтобы чудо единения, иначе это не назовешь, произошло и как можно скорее. Тем более этого от еврейского народа ждут все.

Хорошего праздника!

Израиль должен существовать не в качестве обособленной части человечества, а в качестве всеобщего духовного достояния.[7]

НЕИЗВЕСТНОЕ ОБ ИЗВЕСТНОМ

Понятие «отходы» выражает наше изначально пренебрежительное отношение к единству.

---
[7] Рав Авраам Кук. Философия иудаизма. Избранные статьи. Пер. О. Балаги. Иерусалим: АМАНА. 1991. С. 73.

Построить сукку и накрыть ее кровлей – значит поднять ценности объединения над раздорами, возвысить ценность объединения в своих глазах. Кроме того, постройка сукки – дело непосильное для одиночки. Здесь необходима взаимная поддержка, помощь окружения.

В Суккот вечером принято приветствовать гостей (ушпизин): Авраама, Ицхака, Яакова, Моше, Аарона, Йосефа и Давида. Каждый из них символизирует определенное свойство в человеке.

Миним – четыре растения символизируют отношение человека к ценностям объединения.

Арава (верба) – в ней нет вкуса и нет запаха. Важность единства не воспринимается разумом и не ощущается.

Адас (мирт) – нет вкуса, но есть запах. Разум согласен, но отсутствует ощущение.

Лулав (пальмовая ветвь) – есть вкус, но нет запаха. Есть ощущение, но разум не принимает.

Этрог (цитрус) – есть вкус, и есть запах. Согласие разума и ощущения.

ХАНУКА

Почти все еврейские праздники связаны с теми или иными историческими событиями. Вспомним исход еврейского народа из Египта и установленный в честь этого события праздник Песах. Подготовка к массовому уничтожению евреев в 6-м веке до н. э. в Персии и праздник Пурим, когда еврейский народ празднует свое чудесное спасение. В этом же ряду и праздник Ханука, который появился в результате борьбы еврейского народа против насильственной эллинизации во 2-м веке до н.э.

Возникает вопрос: почему праздники были установлены именно в честь этих, а не других исторических событий? На этот вопрос дает ответ каббала.

Каждый из этих праздников затрагивает определенный аспект процесса, который называется «духовная работа». Поразительно, но этот непростой процесс, прежде всего, связан со становлением народа как единой общности. Известное выражение «возлюби ближнего, как самого себя» выражает суть такой общности.

> *Заповедь «возлюби ближнего, как самого себя», которая является сутью всей Торы – так что все остальные заповеди лишь разъясняют и толкуют ее – невозможна для исполнения одним человеком, а только при **предварительном согласии всего народа**, которое было достигнуто только после исхода из Египта, когда стали достойны ее выполнения. И каждый был спрошен – согласен ли он принять на себя выполнение этой заповеди.*[8]

Сразу скажем, что речь не идет о колхозах, кибуцах и тому подобных объединениях, появившихся в результате развития идей коммунизма. На самом деле все проще и, одновременно, во много раз сложнее.

Из цитаты следует, что достижение высшего уровня объединения, заложенного в формулировке «возлюби ближнего, как самого себя», невозможно достигнуть без **предварительного согласия** на это всего народа. Это парадоксальное утверждение наталкивает на мысль о том, что, возможно, **это одновременное согласие всего народа** каким-то образом способствовало, в конечном итоге, некоему непонятному нам объединению.

---

[8] Бааль Сулам. Поручительство. Kitvei Baal Hasulam. ARI. Israel. 2009. P. 395.

Как и почему евреи единогласно, все как один согласились на это, мы разбирать сейчас не будем – это тема для отдельного разговора. Вместе с этим хочется еще раз заметить, что в этом заключается явное отличие объединения, о котором говорится в цитате, от того объединения, которое испытывали на живых людях коммунисты. Вспомним, что свой международный проект коммунисты запускали, не спрашивая согласия ни у кого.

Теперь перейдем конкретно к событиям, в результате которых был установлен праздник Ханука. Считается, что в основе тогдашних событий стоят идеологические разногласия. Победить в этом конфликте можно было, лишь объединив усилия всего народа. Как известно, вожди народа, маккавеи, сумели это сделать, и враг был разбит. Напрашивается аналогия с тем, что происходит в наши дни. Непрекращающиеся террористические акты в самом Израиле и подъем антисемитизма в мире напоминают о том, что идеологическая война продолжается. Однако вернемся к событиям Хануки.

Каждый элемент праздника несет в себе напоминание о тех внутренних переживаниях (внутренней борьбе), которые проходит как народ, так и каждый человек, когда идее единения противостоит идея разъединения.

Так, противостояние греков и евреев более двух тысяч лет тому назад расшифровывается, как противостояние различного рода желаний. Желанию к единению ради духовных ценностей (йехудим, от слова йехуд[9] – единство) противостоят греки – эгоистические силы разобщения. Греция (Яван) в переводе с иврита: тина, грязь, топь.

> Духовностью называется использование альтруистических желаний. А понятие «власть греков» отражает положение, в котором греки не давали йехудим заниматься ничем, относящимся к этим альтруистическим желаниям, …чтобы народ Израиля погряз в своем эгоизме.[10]

---

[9] Мидраш раба. Эстер. 6:2.

[10] РАБАШ – рав Барух Ашлаг (1907-1991) – известный каббалист, старший сын Бааль Сулама. Ханукальная свеча. 238.מע.א כרך רב"ש כתבי ARI. Israel. 2008.

В течение всех восьми дней праздника зажигают масляные светильники или свечи. Светильник состоит из фитиля и масла. Фитиль (птила) – от слов: порочный, превратный. Имеются в виду мысли. Масло символизирует источник света, наслаждение.

Для того чтобы получить наслаждение, которое символизирует свет светильника, необходимо и то, и другое – фитиль и масло.

Само название праздника – «Ханука» – несет особый смысл. Ханука состоит из слов: хану – ко. Хану – остановились, расположились. Ко – здесь. То есть речь идет о временной остановке на пути к духовному совершенству.

Кроме того, гематрия (численное значение) «ко» – 25. Это число обозначает дату праздника – 25-го кислева.

Говорится, что после победы маккавеев (маккабим) над греками произошло чудо. Светильник, в котором был запас масла всего лишь на один день, горел на протяжении восьми дней.

Восемь дней – это восемь исправленных ступеней (сфирот) из десяти, которые необходимы для полного исправления. Две оставшиеся ступени относятся к празднику Пурим, который символизирует Гмар Тикун (окончательное исправление).

К сожалению, трудно передать словами те скрытые ощущения, которые стоят за историческими перипетиями Хануки. В любом случае, читатели должны знать, что за еврейскими праздниками стоят не просто исторические события, а вещи более глубокие.

Как тогда, так и сегодня, для победы над врагами еврейскому народу необходимо сплотиться, но не в обыденном понимании этого слова. Сплочение должно быть на уровне другом, подобным тому, что было после исхода из Египта. Как к этому прийти? Источники говорят, что для этого нужно мало и много одновременно – **одновременное согласие всего народа.**

Если не рассчитывать на чудо, то становится ясно, что наше существование – как и каждого в отдельности, так и в качестве народа – балансирует на весах жизни и смерти....

Ясно также, что для исполинских усилий на изобилующем препятствиями пути, который пред нами лежит, от всех без исключения частей народа требуется единство, нерушимое и крепкое, как сталь.[11]

НЕИЗВЕСТНОЕ ОБ ИЗВЕСТНОМ

Желания людей, собирающихся между собой в единое целое, символизируют масло, а собрание их вопреки своему эгоизму – фитиль. Они горят в своем желании сблизиться, и таким образом возникает свет, который поддерживает огонь их желаний.

Восемь ветвей ханукии соответствуют восьми сфирот от Малхут, символизирующей желание получать – природу человека, и до Бины, символизирующей желание отдавать – свойство Творца.

Шамаш[12] символизирует человека, который исправляет использование своих желаний ради себя на использование ради ближнего.

Суфганийот и левивот (пончики и картофельные оладьи) – эти праздничные блюда жарятся в масле, в напоминание о масле, которое символизирует свойство отдачи.

Чудом называется раскрытие в человеке высшей силы. Это происходит, если мы захотим приподняться над эгоизмом в своем единстве. Человек вдруг обнаруживает, что окружающая действительность совершенна и всегда была такой, и только собственная эгоистическая природа не позволяла ему это ощутить.

Духовный Храм – символ большого общего сердца, которое строится с помощью объединения всех наших сердец.

---

[11] Бааль Сулам. Газета «Ума», 1940 г.

[12] Свеча, которая зажигается первой и используется для зажигания всех остальных.

ТУ БИ-ШВАТ

Ту би-шват – это гимн развитию, способности созревать и приносить плоды. Праздник деревьев? Нет, праздник людей, нашедших себе благотворное окружение.

> *«И будет он как дерево, посаженное у водного потока, которое плод свой дает во время свое и чей лист не вянет; и во всем, что ни сделает он, преуспеет».[13]*

На примере дерева каббалисты блестяще проиллюстрировали рост человека, формирование личности, реализующей весь свой потенциал. Укоренившись в правильной почве, наше древо расцветает широкой кроной, возносится над землей, и верхушка его «щекочет» небеса. Но главное – оно дарит плоды своего развития другим и в этом видит свое предназначение.

Сказано: «человек – дерево полевое». Рабаш провел параллели между ростом плодоносного дерева и нашим взрослением. Он ясно и подробно описал этапы этого роста – с того момента, как зерно попадает в хорошую почву, и до высочайшей ступени спелых плодов.

> *«Все работы по выращиванию деревьев, дабы они приносили плоды, относятся также к человеку... Плоды – и есть его назначение».[14]*

Шаг первый: готовим почву

Чтобы посаженное семя проросло и пустило корни, надо вскопать и разрыхлить землю вокруг. Так же человек «копается» в себе, проводит внутреннее исследование в поисках смысла, сути своего развития, подключается к силам природы, которые на него воздействуют.

Шаг второй: удобряем почву

Отличное слово – *удобряем*. Ведь если почва для человека – это социум, то верные, *добрые* отношения в нем и станут катализатором роста.

---

[13] Псалмы (Теилим), 1:3
[14] РАБАШ. Письма 29. 1473.כתבי רב"ש כרך ב.עמ ARI. Israel. 2008.

Шаг третий: укрываем корни

«Корни» – это наши мысли, в том числе предательские. Любая задача, любой вызов требует от нас преодоления трудностей. И порой мы пасуем. Неуверенность, страхи, сомнения – естественные спутники человека, и надо уметь правильно работать с ними, «покрывать» их решительностью и целеустремленностью. В противном случае, обоснованные отговорки и резонные компромиссы оставят нас ни с чем.

Шаг четвертый: удаляем сухие ветки

Расхожие ценности и устремления, общепринятые стандарты и предрассудки часто направляют нас к временным, преходящим результатам, в которых мы не находим подлинного удовлетворения, не говоря уже о счастье. Этот тупиковый порядок приоритетов называется «сухими ветвями». Удаляя их, мы помогаем дереву расти. Так же и человек должен понемногу избавляться от того, что засохло, закоснело в нем, мешая добираться до сути жизни и реализовывать ее с полной отдачей.

Пора цветения

Таковы общие, пунктирные контуры внутреннего созревания. Этот уход за «древом в себе» – лишь часть того грандиозного пути, на котором человек становится «как дерево, посаженное у водного потока». Только в благодатной почве, только в добром окружении мы можем созреть, расцвести, кардинально изменить свою жизнь к лучшему.

И тогда «новый год деревьев» станет новым началом для страны, которая уже давно заждалась хороших вестей.

НЕИЗВЕСТНОЕ ОБ ИЗВЕСТНОМ

«Элоким» – имя Творца, имеет ту же гематрию (сумму числовых значений входящих в него букв), что и слово «а-тэва», природа – 86. В соответствии с наукой каббала, Творец – это общая сила, существующая в природе, единый закон, которому подчиняются все остальные законы природы.

Душа человека состоит из 613 (ТАР"ЯГ) частей. 248 (РАМАХ) из них можно исправить, и они называются «Древо познания».

Каждый из семи видов плодов, которыми благословенна земля Израиля, символизирует одно из семи свойств духовного изобилия.

Небеса – это свойство отдачи, а земля, «эрец» (от слова «рацон», желание), – это свойство получения.

ПУРИМ

Про евреев можно говорить все, что угодно, но одного у них не отнять. В науке, искусстве, медицине и, конечно, в области финансов еврейские достижения у всех на слуху. С другой стороны, за все это никто евреям дифирамбы не поет. Так происходит не только в наше время. Это происходило и раньше, возможно даже всегда.

Вспомним историю появления праздника Пурим. Речь идет о событиях, произошедших приблизительно 2500 лет назад. После разрушения Храма множество евреев попали в плен, и в итоге они оказались на территории современного Ирана под властью царя Ахашвероша (Артаксеркса). Они быстро и хорошо там освоились и даже тогда, когда появилась возможность вернуться на родину, в большинстве своем предпочли остаться на месте. В самом деле, а зачем возвращаться? На новом месте им ничего не грозило, они прекрасно интегрировались в тамошнем обществе, а некоторые даже занимали высокие должности на просторах огромного царства.

После многих лет идиллии, вдруг, без всякой видимой причины, несмотря на все заслуги перед государством, царь Ахашверош выносит страшное постановление – уничтожить полностью все еврейское население огромного царства.

Потом, хотя от этого евреям не стало легче, выяснилось, что настоящий виновник – царский сановник и по совместительству антисемит – Аман. Впрочем, сам царь Ахашверош не особенно сопротивлялся такому решению еврейского вопроса.

Тенденция двойственного отношения к еврейскому народу появилась задолго до событий Пурима и продолжается по сей день. Странно другое. Почему такого рода события, каждый раз вызывают у евреев недоумение и всегда застают врасплох. И это еще не все.

Мы фиксируем факты очередных антисемитских выступлений в очередной стране и, одновременно с этим, убеждаем всех и прежде всего самих себя, что евреи абсолютно ничем не отличаются от всех остальных народов. А то, что происходило и происходит – это пережитки прошлого, чуть ли не атавизм, который не сегодня-завтра исчезнет сам собой.

Однако вернемся к Пуриму. Кульминация истории, о которой так драматически и подробно повествуется в Свитке Эстер, наступила в тот самый момент, когда Мордехай попросил Эстер вступиться за евреев перед царем.

Очень важная деталь. В разговоре с Эстер Мордехай предупредил, что **народ спасется в любом случае**...

На эту деталь редко обращают внимание, а ведь, по сути, здесь ставится ударение на то, что мы наблюдаем на протяжении всей истории – еврейские проблемы точно так же, как и последующее избавление, запрограммированы.

Колесо истории вращается все быстрее. Что только не произошло с человечеством за тысячелетия его существования. Вместе с этим особое, двойственное, отношение к евреям не меняется никогда.

НЕИЗВЕСТНОЕ ОБ ИЗВЕСТНОМ

Адар[15] – название месяца, в котором произошли события Пурима. Этот месяц олицетворяет внутреннее состояние, в котором человек начинает обнаруживать в себе силы, позволяющие преодолеть эгоистическое отношение к ближнему.

Аман – олицетворяет вечно неудовлетворенную эгоистическую природу, свойственную каждому человеку. Аман зовется злодеем, потому что сбивает человека с пути, который ведет к совершенству и вечности.

Мадай (Мидия) – государство, а позднее одна из областей Персидской империи. Его название происходит от ивритского слова «дай» – достаточно. Иудеи, живущие в Мадае, олицетворяют людей, смирившихся со своей эгоистической природой.

Мордехай – его имя происходит от арамейского выражения «марей дахья», что означает «чистый и безупречный». Мордехай олицетворяет самое чистое желание человека – желание раскрыть в себе альтруистические свойства.

---

[15] Двенадцатый, а в позднейшей традиции – шестой месяц еврейского года. Соответствует обычно февралю–марту.

Мегилат Эстер (Свиток Эстер) – свиток (мегила) – от слова «раскрытие» (гилуй); Эстер от слова «астара» (сокрытие).

Подарки бедным «мишлоах манот» – знак связи и взаимодействия.

Царица Эстер – Царица (малка) происходит от слова «малхут». Сфира Малхут означает желание получать, стремление удостоиться добра и высшего изобилия, которое обещано в замысле творения и достигается раскрытием духовной реальности.

Вашти – символизирует предыдущий этап духовного пути. Поэтому она появляется в начале рассказа и больше не упоминается.

ПЕСАХ

Странные иррациональные законы и обычаи всегда выделяли древних евреев из окружавших их народов. Что так удивляло народы, а может быть, даже шокировало? И главное, откуда эти обычаи взялись?

Возьмем для примера конкретное праздничное мероприятие – Песах. В глазах народов тогда, как и сегодня, нет ничего более странного и одиозного. Ежегодно, в течение целой недели, празднуется успешный выход израильского народа из египетского рабства. Праздник начинается с трудоемкой и кропотливой подготовки. Это действие называется пасхальный кашрут. «Кашер» (ивр) – пригодный, соответствующий.

Речь, в основном, идет об особых действиях, относящихся к домашнему быту. Сюда входят: жилище, одежда, посуда и, главное, продукты питания. Не будем утомлять читателя, только упомянем, что в доме наводится стерильная, можно сказать, аномальная чистота.

Что в этом такого необычного? Иногда встречаются люди, которые очень любят чистоту. Дело в том, что речь идет не о чистоте вообще. Главное в уборке – обнаружить и уничтожить квасное, то есть все, что связано, хотя бы косвенно, с процессом брожения. Например, хлебные крошки или макароны. Не будем входить в детали, скажем только, что ничего похожего не делает и не делал никто и никогда.

Однако самые сложные предписания относятся к пище и вообще ко всему, что относится к еде.

В дни праздника можно есть лишь определенные продукты, специально отобранные, обработанные и приготовленные по очень сложным технологиям. Например, особый продукт, приготавливаемый специально к празднику, – маца. Главное при ее изготовлении – предотвратить вероятный процесс брожения.

Понятно, что в тесто не добавляются дрожжи, а для того чтобы оно не начало бродить после добавления воды в муку, эту смесь непрерывно перемешивают не более 18 минут. Если процесс затянулся, тесто к употреблению не годится.

Теперь представим на минутку те народы, которые окружали израильтян. Какими глазами они смотрели на все эти премудрости?

Не надо далеко ходить. Как на это все смотрят сегодня? Евреи это выполняют, потому что это обычаи, а не евреи смотрят с удивлением на абсолютно нерациональные действия, ассоциирующиеся с магическими ритуалами дикарей.

Между тем каждое действие, процесс, и даже терминология праздника несут определенный смысл. Речь идет о внутренних изменениях, которые происходят в человеке. Все без исключения действия, совершаемые в праздник, говорят о том, как изменить, или как изменяется эгоистическое отношение человека к жизни на противоположное ему – альтруистическое.

Например, какой смысл в такой беспрецедентно тщательной уборке дома? Под понятием «дом» подразумевается сердце человека. Уборка дома – очищение от эгоистических устремлений сердца, чтобы сделать его пригодным для любви к ближнему.

Известно, что Песах – это праздник, установленный в честь освобождения еврейского народа из египетского рабства. Речь идет об освобождении человека из рабства эгоистических желаний.

Корнем получения в человеке является его эгоизм, и свойство это называется «Египет».[16]

Слово «Египет» – Мицраим (ивр.) – состоит из слов «миц» и «ра» (концентрация зла[17]). Фараон (Паро) – главная существующая в природе эгоистическая сила.

Показательно, что историки имеют схожее мнение относительно Древнего Египта.

---

[16] РАБАШ. Чем более изнуряли его. 110.מ.ע א כרך כתבי רב"ש ARI. Israel. 2008.

[17] Михаэль Лайтман. Фуникулер, поднимающий к Творцу - из урока 7 октября 2010 г. http://www.kabbalah.info/rus/content/view/frame/75736?/rus/content/view/full/75736&main

> *Ни у одного народа, перешагнувшего первую ступень фетишизма, идолопоклонство не принимало столь отвратительных форм и не оказывало такого гибельного влияния на нравы народа, как у египтян.*[18]

По сути, идет речь о максимальном, культовом поклонении эгоизму.

В таких условиях в Египте и появляется Моше – будущий освободитель еврейского народа.

Моше символизирует первое духовное пробуждение к духовным, стоящим выше нашего мира, ценностям.

В Пасхальной Агаде, сборнике текстов, связанных с праздником, есть много персонажей, много атрибутов, много происшествий и чудесных знамений.

Свойство «Моше» пробуждает в нас ощущение, что существует другая, лучшая жизнь «вне Египта». Исраэль[19], находящийся в нас, вступает в борьбу с египтянином, нашим эгоизмом, в результате чего фараон начинает получать удары.

Каждая казнь, получаемая фараоном, ужесточает его сердце, и его власть раскрывается с большей силой. Его жестокие порабощающие свойства должны раскрыться полностью, потому что только так в нас пробудится настоящее желание освободиться от его власти.

Ам Исраэль – еврейский народ. Самая проблематичная и самая главная часть пасхального повествования. Это желания, которые Моше должен пробудить и объединить против фараона.

Каждый человек в мире, в конечном итоге, должен почувствовать, что он в рабстве «фараона» — олицетворения самого большого эгоистического желания. Поэтому в мире непрерывно, в том или ином

---

[18] Генрих Грец (1817-1891) – историк, автор первого монументального труда по всеобщей истории евреев. История евреев от древнейших времен до настоящего. Одесса. Изд. Я. Х. Шермана. 1908 г, т. 1. С. 52.

[19] Исраэль – от слов: «яшар эль» – желание, устремлённое прямо к Творцу. РАБАШ. И было, когда пришел в землю, которую Творец дал тебе. 1985. 52.מע.א כרך ש"רב כתבי ARI. Israel. 2008.

виде, раскрывается эгоизм и, одновременно с этим, проявляется желание оторваться от него как на уровне отдельного человека, так и на уровне общества.

В тот момент, когда мы полностью будем солидарны с «Моше», мы сможем объединиться подобно народу Израиля, и «фараон» будет вынужден нас отпустить.

После этого приходит особое состояние – «Ям Суф» – Красное море (ивр. конечное море). Это последний рубеж эгоистического мира – условная линия, за которой начинается духовный мир, где царит настоящая свобода, не зависящая от места, времени и расстояния.

НЕИЗВЕСТНОЕ ОБ ИЗВЕСТНОМ

Песах – от слова «пасах» – преодолеть эгоизм и перейти от ненависти к любви.

Квасное – это эгоизм, использование желания получать в свою пользу и даже за счет других.

Сжигание квасного – это действие олицетворяет решение человека полностью освободиться от своего эгоизма.

Четыре сына – четыре мнения, раскрывающиеся в человеке по отношению к духовным ценностям. Только тот, который не умеет спрашивать, который растерян и не знает, что делать, именно он готов выйти из эгоизма.

Пасхальное блюдо – комплекс высших духовных свойств. Они называются сфирот: хесэд, гвура, тиферет, нецах, ход, есод. У каждой из этих сфирот есть символ на блюде: куриное крыло олицетворяет сфиру хесэд, яйцо – сфиру гвура, горькая зелень – сфиру тиферэт, харосет – сфиру нецах, картофель – сфиру ход, хрен – сфиру есод.

Десять казней – природа человека, желание получать, состоит из 10 сфирот – 10 видов связи между творением и Творцом. Соответственно каждой из них, фараон, эгоизм, получает удар.

Маца – это особое, чистое желание, не поврежденное эгоистическими включениями.

ДЕНЬ НЕЗАВИСИМОСТИ

Любой израильтянин не спутает «День независимости» ни с каким другим днем. Казалось бы, все просто и понятно. Государство Израиль образовалось, а точнее сказать, возродилось 14 мая 1948 г. после подписания Давидом Бен Гурионом Декларации о независимости. Потом была война, которая так и называется «Война за независимость» (милхемет а-ацмаут). Как бы там ни было, но этот памятный день является праздничным нерабочим днем, когда израильтяне в массовом порядке выезжают на пикники.

Смысл всего праздника умещается в одном слове – «независимость». А существует ли она? Может ли кто-то или что-то быть независимым в принципе?

Простой пример – дети и родители. Дети зависят от родителей, и это понятно. Но и родители зависят от детей не меньше. Малыш, требующий к себе внимания, вынуждает маму забыть о недопитом кофе и оторваться от Фэйсбука. Папа, в свою очередь, «вкалывает» сверхурочные часы, чтобы малыш и его мама были довольны.

Цепочку нетрудно продолжить. Работники зависят от хозяев, хозяева зависят от биржи, биржа зависит от наводнения, а Израиль, как государство, зависит не только от Америки, но и от России. К слову сказать, в результате последнего падения курса рубля в России пострадали израильские фермеры.

Вы можете сказать, что этот праздник посвящен лишь государственной независимости, и не надо сгущать краски и городить огород. В таком случае поговорим о том, кому или чему мы обязаны своей независимостью, которая у нас появилась после создания государства Израиль.

Многие скажут, что Израиль стал независимым благодаря решению Генеральной Ассамблеи ООН. Некоторые вспомнят товарища Сталина и президента Трумэна. Еще упомянут декларацию Бальфура о создании в Палестине национального очага, а еще напомнят, что появлению государства предшествовала Катастрофа, и что именно гибель шести миллионов человек была самым главным и горьким аргументом в пользу двухтысячелетних еврейских чаяний.

Относительно возрождения Израиля хочется упомянуть еврейских пророков. Они предсказали это событие более 2500 лет назад. Кстати говоря, этот факт упоминается часто. Но кто хочет вспоминать, что пророки говорили и том, как можно было избежать изгнания? Их просьбы, а точнее, безответные призывы «стать примером для других народов» и о том, что именно другие народы «принесут нас на своих плечах», мы по разным причинам вспоминать не любим.

А ведь именно народы мира «принесли» или, иными словами, разрешили возродить еврейское государство и способствовали, так или иначе, часто не очень приятным образом, чтобы евреи в свое государство вернулись.

А где же во всем этом процессе вклад самих евреев?

Конечно, был Теодор Герцль, были первая и последующие алии, но ведь, в конечном итоге, евреи сами, так сказать, по «зову сердца», в Израиль почти не едут. Едут, когда «на родине» плохо, едут, когда не принимает Америка, когда война, разруха и антисемиты.

Дело даже не в том, как и почему приезжают в Израиль. Важнее то, что они будут делать дальше: вместе строить и любить свою страну или конфликтовать между собой и участвовать в антиизраильских мероприятиях.

Очевидно лишь одно. До настоящей независимости нам еще далеко. Однако, кто может, положа руку на сердце, сказать, что знает, как решить эту проблему?

Говорится, что нет пророка в своем отечестве. Но ведь еврейские пророки не ошиблись, и нужно отдать им за это должное. Все их предсказания относительно разрушения и возрождения Израиля сбылись. Может быть, пришло время вспомнить и их, не услышанные тогда, советы.

Они не раз говорили о примере, который должны подать евреи всему миру. Вполне очевидно, что речь шла не о построении капитализма, социализма и создании теории относительности. Тогда о чем?

Обратимся к Моше – первому еврейскому пророку.

Напомним, что он поднял выше всех других ценностей – взаимоотношения между людьми. Провозглашенные им тогда ценности – все, как одна, актуальны, хотя и трудновыполнимы: «возлюби ближнего, как самого себя», «станьте как один человек с единым сердцем», «поручитесь друг за друга».

Это предложил Моше, об этом говорили пророки, и это необходимо, как никогда, всему миру. Никто не говорит, что все это можно реализовать прямо здесь и сейчас. С другой стороны, наверняка многое в нашей жизни выглядело бы иначе, если бы на эти темы мы просто начали говорить.

День независимости – это хороший повод, чтобы такой разговор начать...

НЕИЗВЕСТНОЕ ОБ ИЗВЕСТНОМ

Исраэль – «прямо к Творцу» (яшар Эль). Желание, направленное прямо на связь с Творцом, к духовному, любви к ближнему.

Изгнание – состояние отрыва от ценностей единства. Пока человек погружен в любовь к себе, он находится в состоянии «изгнания».

Независимость – означает выход из-под власти эгоизма и осознанный выбор исправления отношений между нами. Только так можно достичь независимости во всех сферах жизни.

ЛАГ БА ОМЕР

Малоизвестный факт – практически все еврейские праздники, кроме всего прочего, несут в себе неявный, каббалистический смысл. Вместе с этим, праздник Лаг ба Омер стоит здесь на особом месте.

Общеизвестно, что этот праздник посвящен Шимону бар Йохаю (РАШБИ), автору главной каббалистической книги – Зоар. Кроме того, считается, что в этот день прекратилась эпидемия, унесшая жизни 24.000 учеников великого законоучителя, рабби Акивы. Шимон бар Йохай был одним из тех немногих учеников, которые остались в живых после этой эпидемии.

В день праздника принято разводить костры, веселиться и делать обряд халаке – первая стрижка мальчиков, достигших трехлетнего возраста. Эта традиция ведет свое начало со времен АРИ (Ицхак Лурия Ашкенази) – великого каббалиста 16-го века.

Обращает на себя внимание несколько странное название праздника. На первый взгляд, аббревиатура слов «Лаг» и «ба Омер» ничего не выражают. На самом деле «Лаг» – две стоящие рядом буквы «ламед» и «гимел» – это число 33. Омер – это мера, а также сноп. Все название «Лаг ба Омер» чаще всего переводят, как «тридцать три дня отсчета». Речь идет об отсчете дней, который ведется от праздника Песах и продолжается до праздника Шавуот, который наступает на 50-й день отсчета.

Интересно, что в период отсчета существует обычай зачитывать из сидура (молитвенника) каждый день следующие слова: «Пусть благодаря подсчету омера, который я сделал сегодня, исправилось то, что я повредил в сфире...», и называется сфира, соответствующая этому дню, например, хесед.

Странные слова, настоящий смысл которых, как правило, скрыт от всех присутствующих, включая самого чтеца. В рамках этой статьи не ставилась задача объяснять каббалистические понятия, такие как: сфира и хесед. Вместе с тем, из всего этого понятно, что всенародный праздник Лаг ба Омер, нашедший свое место в еврейском календаре, учрежден каббалистами и несет в себе много каббалистической информации.

Вышеперечисленные факты наводят на некоторые мысли.

Каббала чаще всего рассматривается как нечто мистическое, если не запрещенное. Вместе с тем, ее изучают не только в кружках и на многочисленных курсах, но и на академическом уровне, в высших учебных заведениях, как в Израиле, так и в других странах.

К этому имеет смысл добавить, что именами каббалистов названы сотни улиц Израиля. Кто не слышал таких имен, как: Гаон из Вильно, Бааль Шем Тов, Хаим Виталь, Рамхаль и др.

Теперь пусть кто-нибудь объяснит, как мы умудряемся относиться с подозрением к каббале и каббалистам, когда мы празднуем учрежденные ими праздники, называем в их честь улицы, а саму каббалу изучаем в университетах?

Похоже, что с каббалистами такая же история, как вообще с евреями. Улицы в их честь называют, но любить не любят, а почему – толком никто не знает.

НЕИЗВЕСТНОЕ ОБ ИЗВЕСТНОМ

Книга Зоар была написана во 2-ом веке н.э. в пещере Идра ра́ба («большой полукруг») между горой Мерон и древним городом Цфат, на который она «взирает» сверху. Рабби Шимон привел сюда своих учеников, и вместе они написали книгу, таинственнее которой не сыскать. Тысячелетиями ее окружали слухи, загадки, глубокомысленные недомолвки, даже страхи. Рабби Шимон (110-190г.г.) первым из каббалистов описал, каким образом единство и взаимное поручительство между людьми приводят в действие позитивную силу, заложенную в бесконечной природе. А один из его учеников – рабби Аба – закодировал в словах книги ее подлинную суть, духовную мудрость объединения.

Рашби пришлось утаить свои открытия, поскольку человечество еще не было к ним готово. Вот почему Книга Зоар была скрыта сразу по написании.

Через пятьсот лет ее нашли арабы, местные жители. Разумеется, они не могли оценить свою находку, и тем более, применить ее по назначению. Вот так и вышло, что один из мудрецов Цфата однажды приобрел на базаре рыбу, завернутую в листы Зоара. Ошеломленный своей находкой, он скупил у арабов всё, что еще можно было спасти, и собрал из отдельных листов книгу.

Сотни лет спустя, в Испании 13-го века она попала к рабби Моше де-Леону. Правда, теперь от нее осталась лишь двадцатая часть первоначального объема. Когда вдова рабби Моше была вынуждена продать рукописи мужа, среди них обнаружилась Книга Зоар. Ее издали, и впервые она стала достоянием многих. Тайна вышла на свет.

В 16-м веке великий каббалист Ари написал первый каббалистический комментарий к Зоару. С тех пор книга эта открылась широкой публике.

Однако мостик к ее пониманию проложил рав Йегуда Ашлаг, написавший современный комментарий под названием «Сулам (Лестница)». Благодаря ему каждый человек может понять, о чем говорит Книга Зоар.

ШАВУОТ

Евреи замешаны во всех проблемах мира. По крайней мере, в этом уверены многочисленные пользователи многочисленных Интернет-ресурсов. Нет смысла вдаваться в детали, тем более что список, так называемых, «еврейских грехов» не имеет ни начала, ни конца. О еврейских достижениях говорят меньше и к тому же они часто и с неподдельным энтузиазмом оспариваются. Эта статья посвящена одному известному достижению, на авторство которого пока никто, кроме самих евреев, не претендует...

Это достижение, а точнее событие упоминается в связи с ежегодным праздником Шавуот. Как известно, этот праздник посвящен дарованию еврейскому народу Торы, которое произошло после выхода из Египта. Это событие отражено в многочисленных еврейских и нееврейских источниках. Красочно, с множеством деталей, оно описывается в литературе и отображается в кино. Особое внимание уделяется кульминации события – восхождению предводителя еврейского народа Моше на гору Синай и получение там Торы. К сожалению, о том, что произошло буквально перед самим получением Торы, обычно говорят вскользь, не уделяя этому должного внимания. А ведь тогда произошло настоящее чудо, к тому же сотворенное руками людей...

Написано, что 600 000 человек окружили гору Синай и приняли на себя закон взаимного поручительства. На первый взгляд ничего особенного, а ведь речь идет о событии невероятном, не имевшем и не имеющем прецедентов в мировой истории!

Можете ли вы представить, чтобы не то, что полмиллиона с лишком, а хотя бы десять человек пошли на то, на что пошли тогда евреи? Расхожая фраза, что на двух евреев существует три мнения, – лишнее тому подтверждение. Люди разного возраста, разного общественного положения, разных интересов – как они этого достигли? Что заставило или, может быть, убедило их согласиться на взаимное поручительство?

Как бы там ни было, но никаким конвенциональным объяснением здесь не обойтись. Попробуем привлечь на помощь каббалу...

Каббала объясняет, что информацию, заключенную в Торе, можно передать разными способами, в том числе и описанием ощущений, испытываемых, как отдельным человеком, так и обществом в целом.

В таком описании название горы Синай ассоциируется со словом «синá» (ненависть). Само слово «гора» (ар) – со словами «сомнения», «возражения» (ирурим). Моше – от глагола «лимшот» – вытягивать, вытаскивать.

Попросту говоря, каббала объясняет, что взаимная ненависть – это явление естественное и более того – прогнозируемое. Предотвратить это явление невозможно, однако способ решения этой проблемы существует. Не вдаваясь в детали, скажем о его сути. Проблему невозможно решить, что называется, в лоб. Над проблемой, как говорят каббалисты, надо приподняться, чтобы решить ее на другом, высшем уровне. Сделать это возможно только с помощью особой методики.

Кстати говоря, именно так и выглядит описанное в Торе неожиданное, непонятно чем вызванное, единогласное решение 600 000 человек поручиться друг за друга, с тем, чтобы стать «как один человек с единым сердцем»!

...когда, объединившись в единый народ, стали как один человек с одним сердцем, тогда лишь стали годными для получения Торы.[20]

Можно конечно сказать, что люди тогда находились в безвыходном положении. Пустыня, жажда, голод и, наконец, враги, совершавшие постоянные набеги на стан евреев, вынудили их к этому шагу. Однако наш жизненный опыт, да и опыт ближайших к нам поколений, говорят, что согласиться с чем-либо не на словах, а на деле, что называется в сердце, невозможно, тем более, когда идет речь о сотнях тысяч людей.

Положение нашего поколения особенное. То, что касалась когда-то лишь отдельного народа, сегодня уже соотноситься практически со всем человечеством. Несмотря на заверения лидеров всех уровней, все уже понимают, что человечество, как сообщество, находится в тупике. Можно говорить долго об искажении и извращении этических и общественных ценностей, о развале семьи, о наркомании, финансовых кризисах, войнах и о многом другом. В конечном счете, все это все равно фокусируется на взаимоотношениях между отдельными людьми...

---

[20] Бааль Сулам. Поручительство. Kitvei Baal Hasulam. ARI. Israel. 2009. P. 395.

И политики, и обычные люди осознают, что невозможно решить ни одну серьезную проблему оружием и правительственными соглашениями. С другой стороны, мы продолжаем строить новые танки и защитные ракетные комплексы, а не ищем пути налаживания правильных человеческих взаимоотношений.

Кстати говоря, каббалисты утверждают, что им известна методика достижения взаимного поручительства и предлагают ее испытать на себе всем желающим в совместном общении в круге...

ПРИМЕЧАТЕЛЬНЫЕ ФАКТЫ

Молоко олицетворяет свойство чистой отдачи подобно материнскому молоку, являющемуся символом безусловной любви между матерью и ее ребенком. В праздник Шавуот принято употреблять в пищу молочные блюда как признак исправления желания от любви к себе – к любви к ближнему.

Выражение «Дарование Торы» указывает, что, хотя Тора и была дана нам на горе Синай, но мы ее не получили.

Шавуот – семь недель от праздника Песах до праздника Шавуот символизируют семь сфирот: хесэд, гвура, тиферэт, нецах, ход, есод и малхут, которые исправляются между Песах и Шавуот.

Гора Синай. Слово «гора», на иврите – «ар», происходит от слова «ирурим» – сомнения, размышления, возражения[21]. А слово «Синай» – от слова «сина» – ненависть[22]. «Гора Синай» олицетворяет эгоистически мысли, которые возникают в человеке, эгоистическое стремление человека думать о своем личном благе, а не о благе всех.

Десять заповедей – это десять правил жизни в духовной реальности. Согласно науке каббала душа делится на десять частей, десять сфирот, и каждой сфире соответствует одна из десяти заповедей.

---

[21] РАБАШ. Подготовка к получению Торы. 502.מע.א כרך רב"ש כתבי ARI. Israel. 2008.

[22] РАБАШ. Кто укрепил сердце свое. 121.מע.א כרך רב"ש כתבי ARI. Israel. 2008.

ДЕВЯТОЕ АВА

Девятое ава (тиша бе-ав) – национальный день траура еврейского народа. Ав – пятый по счету месяц еврейского календаря и приходится на июль-август.

В этот день происходили самые трагические события в истории еврейского народа. Вот некоторые из них.

Разрушение Первого и Второго Храмов. Первый крестовый поход, приведший к массовой резне евреев в городах Германии. Обвинение европейских евреев в организации эпидемий чумы. Изгнание евреев из Англии, Испании. Переселение евреев Рима в гетто. Резня, устроенная Богданом Хмельницким. Начало погромов в России. По некоторым источникам, Гитлером было принято решение об окончательном решении еврейского вопроса. Депортация евреев из Варшавского гетто. Начал действовать лагерь смерти в Треблинке.

Не только девятого ава, но и в другие дни этого месяца происходили трагические события. Спрашивается, почему именно в этот месяц?

Каждый месяц, каждый день имеет свой духовный корень. Девятое ава управляется корнем, который запустил процесс под названием «Швират келим» (Разбиение сосудов).

Вместе с тем этот траурный день должен стать самым большим праздником, потому что нарушенная в этот день связь между нами, а значит, связь с Творцом, будет восстановлена в этот же день.

Не будем забывать, что все, о чем мы говорим, как об исторических событиях, – это, на самом деле, наши внутренние ощущения, проецируемые наружу. Когда мы достигнем исправленного состояния, мы это будем не только знать и понимать, но и ощущать и воспринимать, как часть нас самих. Понятно, что в этом случае у нас полностью изменится отношение к тем людям и событиям, которые предстают перед нами.

Все изменения – лишь в келим, то есть в наших ощущениях. Все измеряется и оценивается нами только относительно нашего восприятия.[23]

---
[23] Бааль Сулам. Шамати. Суть духовного постижения. Kitvei Baal Hasulam. ARI. Israel. 2009. P. 517.

Девятое ава считается датой рождения Машиаха. Машиах – от слова «мошех» – вытаскивать, вытягивать. Речь идет не о человеке, а об особой силе, которая приведет к окончательному исправлению (Гмар Тикун).

Когда человек достигнет такого состояния, которое называется «разрушение Храма», это будет означать, что он уже полностью изучил свои желания, свою природу. Его природа – это разъединение и ненависть, а окончательное исправление – это объединение и избавление от зла.

Когда разные виды существуют сами по себе, вне связи друг с другом, то существуют смерть, унижение и ущерб, а в их соединении коренится исправление и избавление от зла.[24]

НЕИЗВЕСТНОЕ ОБ ИЗВЕСТНОМ

Рассказывают о рабби Акиве и его трёх товарищах, которые скорбели о разрушенном Храме[25]. Внезапно они увидели лису, снующую между развалинами святая святых. Стали рыдать трое товарищей, а рабби Акива засмеялся. Спросили его товарищи: «Почему ты смеешься?». Ответил им рабби Акива с улыбкой: «Пока не исполнилось пророчество об изгнании, не исполнится и пророчество об избавлении. А поскольку сейчас осуществилось пророчество об изгнании, то, безусловно, осуществится и пророчество об избавлении».

Ирушалаим (Иерусалим) – от выражения: «ир'а шлема» (совершенный страх, трепет), духовное состояние, в котором человек страшится любви к себе в такой мере, что может подняться над ней.

Разрушение – когда утрачены добрые отношения между людьми, а безусловная любовь обращается в ненависть, то это и является истинным разрушением.

Избавление – именно обновление связи между людьми на основе взаимного поручительства приводит к раскрытию духовного и возобновлению связи с Творцом. В этом и заключается избавление.

---

[24] РАМХАЛЬ. Даат Твунот. 127 (קכז). Daat tevunot. http://hebrew.grimoar.cz/
[25] Мишна, трактат «Макот», глава 24, п. 72.

Изгнание – это утрата связи с Творцом в результате беспричинной ненависти.

Бейн ха-мецарим — «меж теснин» – всё, происходящее в нашем мире, управляется духовной системой, которая действует в соответствии с неизменными законами. Согласно этой системе, период между семнадцатого тамуза и девятого ава – это период скорби (меж теснин).

Пост – это действие, при котором человек производит на себя «сокращение», то есть временно отказывается от эгоистического получения наслаждений.

ТУ БЕ-АВ
(15-го ава)

Август перевалил через перевал, дорога пошла вниз, к осени, и Израиль с размаху въехал в день радости и любви. Только без формальностей. Чему радуемся и кого любим?

По традиции, пятнадцатое ава, как добрая примета, располагает к шагам навстречу друг другу. В этот день хорошо сыграть свадьбу, сделать предложение, хотя бы подарить букет или шоколадку. Своего рода аналог Дня Валентина.

Но нет. Никакой не аналог, а удивительный прообраз, имеющий прямое отношение к каждому из нас. Праздник, восходящий корнями к исконным началам еврейского народа.

Из ненависти...

А начиналось всё очень непросто. В конце книги «Шофтим» есть рассказ о человеке из колена Леви, который держал путь домой вместе со своей наложницей. День склонился к вечеру, солнце закатилось, и путники заночевали в городе колена Биньямина.

> «В те дни не было царя в Исраэле, каждый поступал, как ему заблагорассудится».[26]

К дому, приютившему гостей, подошли известные в городе нечестивцы, забрали наложницу и глумились над ней всю ночь. К утру она умерла.

Потрясенный господин известил об этом все колена Израиля, и те, содрогнувшись от столь бесчеловечной расправы, потребовали немедленно выдать преступников. После отказа началась братоубийственная война, в результате которой колено Биньямина было почти полностью уничтожено. Оставшиеся в живых стали изгоями, поскольку израильтяне поклялись не отдавать им в жены своих дочерей.

Однако, после того как колено Биньямина оказалось на грани исчезновения, израильтяне раскаялись в «бойкоте». Пятнадцатого числа месяца ав они разрешили отверженным взять себе жен из города Шило.

---

[26] Невиим (Пророки). Шофтим (Книга Судей) 17:6.

«И сделали так сыновья Биньямина… И тогда разошлись оттуда сыновья Исраэля, каждый в колено свое и в семейство свое».[27]

Через тернии…

Эта глава нашей истории положила конец схваткам за доминирование и власть. А пятнадцатое ава стало символом примирения и единства в народе. Сказано в книге «Тиферет Шломо», что не было у Исраэля столь добрых дней, как этот, когда колена сблизились во взаимопомощи.

Однако последующие события вновь обнажили раскол. Сегодня, спустя почти три тысячи лет, еврейский народ по-прежнему раздроблен на части. Правда, традиционное деление на двенадцать осталось в прошлом – теперь мы разбиты на десятки «колен» разного этнического и культурного происхождения с совершенно разным мировосприятием, с пестрым букетом идеологий, с почти не пересекающимися позициями, взглядами, интересами.

Что же, собственно, соединяет нас в единый народ? Или могло бы соединить? Способны ли мы водворить мир между нами? Стать братьями, а не соседями, которым, по большому счету, наплевать друг на друга? Вопрос совсем не риторический, и ответ на него еще не дан.

К братской любви…

В природе и в человечестве действуют две силы: любовь и ненависть. Врожденное эгоистическое естество – это негативная сила, растущая по экспоненте. Хотя мы зависим друг от друга, но нам нет дела до других. Часто мы пытаемся разжиться за их счет, порой презираем их, порой не замечаем, порой ненавидим – на работе, на дороге, на улице, в интернете, в беспощадных политических дрязгах, в семье…

Даже если мы любим кого-то, то любим за хорошие ощущения, которые он нам доставляет, за то, что нам с ним хорошо. Как только он перестает служить поставщиком удовольствий, очарование тает, и любовь сходит на нет.

---
[27] Невиим (Пророки). Шофтим (Книга Судей) 21:23-24.

Но постойте, разве можно это преходящее чувство называть «любовью»?

Любить по-настоящему – значит желать другому добра. Более того, делать ему добро.

> «Возлюби ближнего своего, как себя. Как себя, без всяких различий. Как себя, без расхождений. Как себя, без хитростей и уловок. Поистине как себя».[28]

Когда любишь человека, чувствуешь, чего ему недостает, ищешь, как доставить ему удовольствие. Словно по велению материнского инстинкта в расширенном его смысле.

Вот что такое любовь. На ней стоит всё – сказано в книге Зоар. И именно к ней надо устремляться, когда в нас пробуждается ненависть, какую познали когда-то колена Израиля.

...Над раздором

На самом деле, таков закон диалектики: настоящую любовь можно построить только над ненавистью. Два эти чувства, как два полюса нашей жизни, создают поле, в котором бьется ее пульс. Вдох – выдох, шаг левой – шаг правой – всё подчинено перепаду между двумя противоположными потенциалами и нескончаемому поиску равновесия между ними.

Но только особого равновесия, когда «все преступления покрывает любовь» (Мишлэй).

На каждом этапе, с каждым шагом в нас проявляется новый пласт эгоизма, сопровождаемый отчуждением, недоверием, взаимным неприятием, враждой. Нет смысла игнорировать или затушевывать эти пропасти между нами. Они естественны, более того, они необходимы, для того чтобы над ними мы задействовали положительную силу единства – той же мощи, но с противоположным знаком.

---

[28] РАМХАЛЬ – рав Моше Хаим Луцатто (1707-1747) – каббалист, автор десятков книг по каббале и по еврейской этике. Месилат яшарим. Глава 11.

И суть здесь не в том, какая из этих сил победит, а в том, что мы сами управляем ими. В этом наша свобода – играть на разнице потенциалов, тем крепче консолидируясь между собой, чем сильнее нас рвет на части и тянет в разные стороны. Состояние покоя для нас – это динамичный баланс огромных внутренних мощностей, согласованно используемых для укрепления социальных связей.

Когда мы научимся этому, все прочие проблемы получат, наконец, реальное, комплексное решение. Ведь всё зависит от наших добрых взаимосвязей, всё стоит на любви. А иными словами, на незыблемых законах единой системы, в которой все части гармонично взаимодействуют между собой.

Вот что олицетворяет праздник Ту бе-ав, наступающий через неделю после траура девятого ава. Их близость не случайна, она подчеркивает неразрывную связь полюсов: поднимаясь над тем, что нас разделяет, мы находим друг друга и скрепляем наш союз.

Подлинная любовь прорастает в тех, кому она действительно нужна.

НЕИЗВЕСТНОЕ ОБ ИЗВЕСТНОМ

Зависимая любовь – эгоистическая любовь, внутри которой заложено желание извлечь пользу для себя

Безусловная любовь – истинная любовь, которая не основывается на личной выгоде

«Возлюби ближнего, как самого себя» – великое правило Торы. Это правило включает в себя все исправления мыслей человека и его желаний.

МЕЖДУНАРОДНАЯ АКАДЕМИЯ КАББАЛЫ

Международная академия каббалы (МАК) основана в 2001 году с целью распространения каббалистических знаний во всем мире для повышения духовного уровня человечества. Основатель и глава Международной академии каббалы (МАК), д-р Михаэль Лайтман.

Основная цель организации: изучение и раскрытие законов мироздания, постижение которых приведет к решению как личных проблем каждого человека, так и глобальных проблем всего общества. Филиалы Академии открыты в 30 странах мира.

ОСНОВНЫЕ ВИДЫ ДЕЯТЕЛЬНОСТИ АКАДЕМИИ

Выпуск учебной и научной литературы

Силами издательского отделения Академии выпущено в свет более 40 учебных и научно-популярных изданий, которые переводятся и издаются крупнейшими издательствами Северной и Южной Америки, Европы и Азии.
Книжный интернет-магазин: www.kabbalahbooks.info

Сайт Международной академии каббалы

Сайт академии каббалы www.kabbalah.info отмечен энциклопедией «Британика» как один из крупнейших учебно-образовательных интернетресурсов по числу посетителей, количеству и информативности материала.

Он доступен пользователям на 27 языках и насчитывает 4.5 миллиона посетителей в месяц, которым предоставляется бесплатный и неограниченный доступ ко всем опубликованным материалам.

Медиаархив сайта содержит более 6000 уникальных видеозаписей лекций, продублированных так же в аудио и текстовом форматах.

Телеканал в интернете – «Каббала ТВ»

Ежедневная прямая трансляция уроков М. Лайтмана с синхронным переводом на 5 языков, демонстрацией чертежей, возможностью задавать вопросы и получать ответы в реальном времени: www.kab.tv/rus.

Уроки на русском языке для начинающих: курс виртуальных лекций в прямом эфире по воскресеньям в 16:00.

Телеканал «Каббала ТВ» предоставляет Вашему вниманию фильмы, видеоклипы, телемосты и беседы с ведущими учеными, журналистами и деятелями искусства.

Курсы дистанционного обучения

www.kabacademy.com

Международная академия каббалы предоставляет возможность бесплатного, углубленного и интерактивного изучения науки каббала на курсах дистанционного обучения.

В программе курсов дается сравнительный анализ науки каббала и других наук, излагаются взгляды каббалистов на возникновение и эволюцию Вселенной, рассматриваются основные методы взаимодействия человека с обществом и природой.

Все материалы сайта находятся в открытом доступе, предусмотрено подключение к лекциям в режиме онлайн и прямое взаимодействие с преподавателем.

По окончании обучения студент получает диплом и возможность участия в конгрессах, проводимых академией в разных странах мира.

Изучение каббалы в Израиле

Международная академия каббалы – крупнейший в мире учебно-образовательный источник достоверной информации о науке каббала. На курсах академии изучаются вопросы связи человека с природой, с обществом и семьей, социальные процессы в историческом развитии общества, а также роль еврейского народа и государства Израиль.

Информация об очных курсах и мероприятиях Международной академии каббалы в Израиле на сайте: www.israel.kabacademy.com

Контактные телефоны Международной академии каббалы в городах Израиля:

Город	Телефон
Ашдод	054-5771004
Ашкелон	054-3515925
Беэр-Шева	052-6378510
Иерусалим	050-7307834
Кармиэль	054-5545403
Нагария	052-2227277
Реховот	050-7494602
Ришон-ле-Цион	054-4807743
Хайфа	054-6687066

ТЕЛЕФОНУ: **1-416-840-5487**
Email: **info@kabbalahbook.info**
интернет: **www.kabbalah.info**

www.ingramcontent.com/pod-product-compliance
Lightning Source LLC
Chambersburg PA
CBHW040422100526
44589CB00021B/2794